The Last Refuge In Venice: Bilingual Italian-English Stories for Italian Language Learners

Pomme Bilingual

Published by Pomme Bilingual, 2024.

While every precaution has been taken in the preparation of this book, the publisher assumes no responsibility for errors or omissions, or for damages resulting from the use of the information contained herein.

THE LAST REFUGE IN VENICE: BILINGUAL ITALIAN-ENGLISH STORIES FOR ITALIAN LANGUAGE LEARNERS

First edition. July 28, 2024.

Copyright © 2024 Pomme Bilingual.

ISBN: 979-8227313010

Written by Pomme Bilingual.

Table of Contents

L'Ultimo Rifugio a Venezia

L'aria di Venezia era pesante quella sera. Il sole si era immerso dietro la Basilica di San Marco, lasciando una scia dorata che sfiorava le acque calme del Canal Grande. Luigi, un uomo di mezza età con il viso segnato dal tempo e dagli anni trascorsi in mare, camminava lentamente lungo la Riva degli Schiavoni. La città, con le sue strade strette e i canali tortuosi, era diventata il suo rifugio, il suo ultimo baluardo contro un mondo che sembrava volerlo dimenticare.

Luigi era un marinaio, un uomo che aveva navigato in ogni angolo del Mediterraneo. La sua vita era stata un susseguirsi di porti, tempeste e lunghe notti sotto le stelle. Ma adesso, tutto ciò che desiderava era la pace e la tranquillità che solo Venezia poteva offrirgli. Ogni sera, si sedeva in un piccolo caffè vicino al Ponte di Rialto, sorseggiando un bicchiere di vino rosso, osservando il flusso incessante dei turisti e dei veneziani che passavano.

Quel giorno, tuttavia, qualcosa era diverso. Seduto al tavolo accanto al suo c'era un uomo, alto e magro, con un cappello a tesa larga che gli ombreggiava il viso. L'uomo guardava il canale, perso nei suoi pensieri. Luigi lo osservava con curiosità. C'era qualcosa in lui che gli ricordava se stesso, un'ombra di malinconia che aleggiava su di lui.

"Posso offrirti un bicchiere di vino?" disse Luigi, rompendo il silenzio.

L'uomo alzò lo sguardo e sorrise. "Grazie," rispose con un accento straniero. "Mi chiamo John."

"Luigi," rispose l'italiano, allungando la mano.

I due uomini parlarono a lungo quella sera. John era un americano, un ex giornalista in cerca di ispirazione. Aveva viaggiato per il mondo, ma Venezia lo aveva catturato come nessun'altra città. "C'è qualcosa di magico qui," disse John, "qualcosa che ti fa sentire vivo."

Luigi annuì. "Sì, Venezia ha questo potere. Ti fa dimenticare tutto il resto."

Mentre la notte avanzava, Luigi e John camminarono lungo le calli deserte, parlando delle loro vite, delle loro speranze e dei loro sogni. La luna piena illuminava i loro passi, riflettendosi nelle acque scure dei canali. Sembrava che il tempo si fosse fermato, che il mondo esterno non esistesse più.

Arrivarono a un piccolo ponte, uno di quelli nascosti e meno conosciuti, dove si fermarono a guardare l'acqua scorrere lentamente sotto di loro. "Venezia è il mio ultimo rifugio," disse Luigi, con un tono di voce che tradiva una profonda stanchezza. "Non so quanto tempo mi resta, ma voglio passarlo qui, in pace."

John lo guardò, comprendendo profondamente le sue parole. Anche lui cercava qualcosa, una sorta di redenzione o forse solo un luogo dove sentirsi finalmente a casa. "Forse Venezia è il rifugio di tutti noi," disse lentamente. "Un luogo dove possiamo trovare ciò che abbiamo perso."

Luigi annuì ancora, e in quel momento i due uomini capirono di essere più simili di quanto avessero mai immaginato. Entrambi cercavano qualcosa che il mondo sembrava non poter offrire loro più: la pace.

Mentre si separavano per tornare alle loro rispettive dimore, Luigi sentì un senso di serenità che non provava da anni. Venezia era davvero magica, un luogo dove le anime perse potevano trovare un po' di pace, anche solo per un momento.

The Last Refuge in Venice

The air in Venice was heavy that evening. The sun had dipped behind St. Mark's Basilica, leaving a golden trail that brushed the calm waters of the Grand Canal. Luigi, a middle-aged man with a face weathered by time and years spent at sea, walked slowly along the Riva degli Schiavoni. The city, with its narrow streets and winding canals, had become his refuge, his last bastion against a world that seemed to want to forget him.

Luigi was a sailor, a man who had navigated every corner of the Mediterranean. His life had been a succession of ports, storms, and long nights under the stars. But now, all he desired was the peace and tranquility that only Venice could offer. Every evening, he sat in a small café near the Rialto Bridge, sipping a glass of red wine, watching the constant flow of tourists and Venetians passing by.

That day, however, something was different. Sitting at the table next to his was a tall, thin man with a wide-brimmed hat that shaded his face. The man was looking at the canal, lost in his thoughts. Luigi watched him with curiosity. There was something about him that reminded him of himself, a shadow of melancholy that hovered over him.

"Can I buy you a glass of wine?" Luigi said, breaking the silence.

The man looked up and smiled. "Thank you," he replied with a foreign accent. "My name is John."

"Luigi," replied the Italian, extending his hand.

The two men talked at length that evening. John was an American, a former journalist seeking inspiration. He had traveled the world, but Venice had captured him like no other city. "There's something magical here," John said, "something that makes you feel alive."

Luigi nodded. "Yes, Venice has that power. It makes you forget everything else."

As the night wore on, Luigi and John walked along the deserted alleys, talking about their lives, their hopes, and their dreams. The full moon illuminated their steps, reflecting in the dark waters of the canals. It seemed that time had stopped, that the outside world no longer existed.

They arrived at a small bridge, one of those hidden and lesser-known ones, where they stopped to watch the water slowly flow beneath them. "Venice is my last refuge," Luigi said, with a tone of voice that betrayed a deep weariness. "I don't know how much time I have left, but I want to spend it here, in peace."

John looked at him, deeply understanding his words. He, too, was seeking something, a kind of redemption or perhaps just a place to finally feel at home. "Maybe Venice is the refuge for all of us," he said slowly. "A place where we can find what we have lost."

Luigi nodded again, and at that moment the two men realized they were more alike than they had ever imagined. Both were seeking something that the world seemed unable to offer them anymore: peace.

As they parted to return to their respective homes, Luigi felt a sense of serenity he hadn't felt in years. Venice was truly magical, a place where lost souls could find a bit of peace, even if only for a moment.

Emma

Emma sedeva sul bordo del piccolo molo, i piedi nudi immersi nell'acqua fredda del lago di Como. Il sole stava tramontando dietro le montagne, dipingendo il cielo di sfumature arancioni e rosa. Il vento leggero sollevava dolcemente i suoi capelli castani, mentre osservava l'orizzonte con uno sguardo perso e pensieroso.

Era arrivata lì quella mattina, lasciandosi alle spalle la frenesia della città e il tumulto della sua vita. Milano, con le sue strade affollate e i suoi rumori incessanti, era diventata insopportabile. Emma sentiva il bisogno di allontanarsi, di trovare un po' di pace e di silenzio per riflettere. Quel piccolo borgo sulle rive del lago sembrava il luogo perfetto.

Non c'erano molti turisti, solo qualche coppia di anziani e pochi pescatori locali che si preparavano per una lunga notte di lavoro. Emma camminava lentamente lungo il sentiero costeggiato da cipressi, ascoltando il canto degli uccelli e il lieve fruscio delle foglie. Si sentiva finalmente libera, lontana dalle aspettative e dalle pressioni che la perseguitavano ogni giorno.

Aveva trascorso gran parte della sua vita inseguendo obiettivi che sembravano sempre sfuggirle di mano. Laureata con lode in lettere moderne, aveva trovato lavoro in una prestigiosa casa editrice, ma il successo professionale non le aveva portato la felicità che sperava. Le lunghe ore passate in ufficio, le riunioni interminabili e le scadenze pressanti l'avevano svuotata, lasciandola con una sensazione di vuoto e insoddisfazione.

Seduta sul molo, Emma ripensava a quei giorni e a come aveva deciso di prendersi una pausa. Aveva bisogno di riscoprire se stessa, di capire cosa volesse veramente dalla vita. Guardava il lago, le sue acque tranquille e profonde, e si sentiva attratta dalla loro serenità. Era come se quelle acque nascondessero i segreti che lei cercava disperatamente di svelare.

Un uomo si avvicinò al molo, con passo lento e misurato. Era un pescatore, con il viso segnato dal sole e dal tempo. Portava una vecchia canna da pesca e un cesto di vimini. Emma lo osservò mentre si sistemava poco distante da lei, iniziando a preparare le sue attrezzature.

"Ciao," disse l'uomo con un sorriso gentile. "Sei nuova da queste parti, vero?"

Emma annuì. "Sì, sono venuta per trovare un po' di pace."

"Benvenuta," rispose il pescatore. "Questo è un buon posto per riflettere. Il lago ha un modo tutto suo di calmare l'anima."

Si scambiarono poche parole, ma quelle semplici frasi avevano un peso che Emma sentiva profondamente. Rimase in silenzio per un po', ascoltando il suono dell'acqua e il canto lontano delle cicale. L'uomo cominciò a pescare, concentrato e paziente, mentre Emma continuava a guardare l'orizzonte.

Il tramonto avanzava, e con esso una leggera brezza che portava l'odore dell'acqua e della terra umida. Emma sentì una strana pace dentro di sé, una sensazione che non provava da molto tempo. Non sapeva se fosse il luogo, l'aria fresca, o la presenza silenziosa del pescatore, ma qualcosa dentro di lei stava cambiando.

"La vita qui è semplice," disse l'uomo dopo un po'. "Non ci sono grandi distrazioni, solo il lago, il cielo e le montagne. E questo è sufficiente per molti di noi."

Emma lo guardò, cercando di comprendere il suo punto di vista. Forse aveva ragione, forse la semplicità era ciò di cui aveva bisogno. Non il successo, non le ambizioni, ma solo la possibilità di vivere ogni giorno con serenità.

"Sai," disse infine Emma, "forse è proprio questo che cerco. Qualcosa di semplice e genuino."

Il pescatore annuì, sorridendo. "Allora sei nel posto giusto."

Rimasero in silenzio per un lungo momento, condividendo una connessione silenziosa e profonda. Emma capì che, a volte, le risposte che cercava non erano così lontane. Forse erano sempre state lì, nascoste dietro l'angolo, pronte a rivelarsi nel momento giusto.

Quando il sole fu completamente tramontato e le stelle iniziarono a brillare nel cielo scuro, Emma si alzò lentamente. Sentiva una nuova energia dentro di sé, una sensazione di rinascita. Salutò il pescatore con un sorriso e si incamminò lungo il sentiero, verso il piccolo albergo dove alloggiava.

Camminando sotto le stelle, Emma si rese conto che la solitudine non era qualcosa da temere. Era, piuttosto, un'opportunità per riscoprire se stessa, per ascoltare i propri pensieri e per trovare una nuova direzione. La sua avventura a Milano poteva attendere. Per ora, voleva godersi quel senso di pace che aveva finalmente trovato sulle rive del lago di Como.

E così, con il cuore leggero e la mente libera, Emma iniziò a scrivere un nuovo capitolo della sua vita, uno in cui la semplicità e la serenità avrebbero avuto un ruolo centrale. La sua ricerca di felicità non era finita, ma aveva fatto il primo passo verso una nuova consapevolezza. E, in fondo, sapeva che quello era solo l'inizio.

Emma

Emma sat on the edge of the small pier, her bare feet immersed in the cold water of Lake Como. The sun was setting behind the mountains, painting the sky in shades of orange and pink. The light breeze gently lifted her brown hair as she gazed at the horizon with a lost, thoughtful look.

She had arrived that morning, leaving behind the frenzy of the city and the turmoil of her life. Milan, with its crowded streets and incessant noise, had become unbearable. Emma felt the need to get away, to find some peace and quiet to reflect. That small village on the lake's shores seemed the perfect place.

There weren't many tourists, just a few elderly couples and some local fishermen preparing for a long night's work. Emma walked slowly along the cypress-lined path, listening to the birds' songs and the gentle rustle of the leaves. She finally felt free, far from the expectations and pressures that haunted her every day.

She had spent much of her life chasing goals that always seemed to slip through her fingers. Graduating with honors in modern literature, she had found a job at a prestigious publishing house, but professional success hadn't brought her the happiness she had hoped for. The long hours in the office, the endless meetings, and the pressing deadlines had drained her, leaving her with a feeling of emptiness and dissatisfaction.

Sitting on the pier, Emma thought back to those days and how she had decided to take a break. She needed to rediscover herself, to understand what she truly wanted from life. She looked at the lake, its calm and deep waters, and felt drawn to their serenity. It was as if those waters held the secrets she was desperately trying to uncover.

A man approached the pier, with slow and measured steps. He was a fisherman, his face weathered by the sun and time. He carried an old fishing rod and a wicker basket. Emma watched as he settled down not far from her, starting to prepare his gear.

"Hello," said the man with a gentle smile. "You're new around here, aren't you?"

Emma nodded. "Yes, I came to find some peace."

"Welcome," replied the fisherman. "This is a good place to think. The lake has a way of calming the soul."

They exchanged a few words, but those simple phrases held a weight that Emma felt deeply. She remained silent for a while, listening to the sound of the water and the distant song of the cicadas. The man began fishing, focused and patient, while Emma continued to gaze at the horizon.

The sunset progressed, bringing with it a light breeze carrying the scent of water and damp earth. Emma felt a strange peace within her, a feeling she hadn't experienced in a long time. She didn't know if it was the place, the fresh air, or the silent presence of the fisherman, but something inside her was changing.

"Life here is simple," said the man after a while. "There aren't many distractions, just the lake, the sky, and the mountains. And that's enough for many of us."

Emma looked at him, trying to understand his perspective. Maybe he was right, maybe simplicity was what she needed. Not success, not ambitions, but just the chance to live each day with serenity.

"You know," Emma finally said, "maybe that's what I'm looking for. Something simple and genuine."

The fisherman nodded, smiling. "Then you're in the right place."

They remained silent for a long moment, sharing a silent, profound connection. Emma realized that sometimes the answers she sought weren't so far away. Maybe they had always been there, hidden around the corner, ready to reveal themselves at the right moment.

When the sun had completely set and the stars began to shine in the dark sky, Emma slowly stood up. She felt a new energy inside her, a sense of rebirth. She bid the fisherman farewell with a smile and walked along the path back to the small inn where she was staying.

Walking under the stars, Emma realized that solitude was not something to be feared. It was, rather, an opportunity to rediscover herself, to listen to her own thoughts, and to find a new direction. Her adventure in Milan could wait. For now, she wanted to enjoy the sense of peace she had finally found on the shores of Lake Como.

And so, with a light heart and a free mind, Emma began to write a new chapter of her life, one in which simplicity and serenity would play a central role. Her quest for happiness was not over, but she had taken the first step toward a new awareness. And, deep down, she knew that this was only the beginning.

Ombre di Palermo

L'aria di Palermo era calda e densa quella sera d'estate, intrisa dei profumi della cucina siciliana e del mare. Lorenzo camminava lungo la Via Maqueda, il cuore pulsante della città, dove la vita sembrava non fermarsi mai. I venditori ambulanti gridavano le loro offerte, le coppie passeggiavano mano nella mano e i bambini correvano ridendo tra le bancarelle colorate.

Lorenzo era un uomo di mezza età con i capelli brizzolati e gli occhi scuri che sembravano aver visto più di quanto volessero raccontare. Tornava a Palermo dopo anni passati in giro per il mondo, alla ricerca di qualcosa che nemmeno lui riusciva a definire. La città, con la sua storia millenaria e le sue contraddizioni, lo attirava come un richiamo irresistibile.

Si fermò davanti a una piccola trattoria con i tavolini disposti sul marciapiede. Il profumo di pasta con le sarde e di arancini freschi lo fece sorridere. Decise di sedersi e ordinare un bicchiere di vino rosso, sperando di trovare nei sapori della sua terra natia un conforto per l'anima inquieta.

"Che posso portarle, signore?" chiese una cameriera giovane con un sorriso gentile.

"Un bicchiere di Nero d'Avola, per favore," rispose Lorenzo, osservando il flusso incessante di persone che passavano.

Mentre sorseggiava il vino, i suoi pensieri vagavano. Palermo era cambiata, ma allo stesso tempo rimaneva immutata. I palazzi antichi, le chiese barocche e i mercati rumorosi erano ancora lì, testimoni silenziosi del tempo che scorreva. Tuttavia, c'era una nuova energia, una voglia di riscatto e di rinascita che permeava l'aria.

Lorenzo ricordava la sua infanzia trascorsa tra le strade polverose e i vicoli stretti della città. Aveva lasciato Palermo da giovane, spinto dalla curiosità e dall'ambizione, ma adesso si rendeva conto di quanto gli mancasse quel luogo. Tornare significava affrontare i fantasmi del passato, ma anche riconnettersi con le radici che lo avevano formato.

Una figura familiare si avvicinò al tavolo. Era Salvatore, un vecchio amico d'infanzia che non vedeva da anni. Il tempo aveva lasciato i suoi segni anche su di lui, ma i suoi occhi brillavano ancora di vitalità.

"Lorenzo! Non posso crederci," esclamò Salvatore, abbracciandolo con affetto. "Cosa ti porta a Palermo dopo tutto questo tempo?"

"Il desiderio di ritrovare me stesso, credo," rispose Lorenzo con un sorriso malinconico.

Salvatore si sedette accanto a lui, ordinando un bicchiere di vino. Parlarono a lungo, raccontandosi le loro vite, le speranze e le delusioni. Lorenzo scoprì che Salvatore era rimasto a Palermo, combattendo ogni giorno per migliorare la vita della comunità, impegnato in progetti sociali e culturali.

"Questa città ha bisogno di noi," disse Salvatore con passione. "Abbiamo una storia ricca e una cultura straordinaria, ma dobbiamo lottare per preservarla e migliorarla."

Lorenzo annuì, sentendo crescere dentro di sé una nuova determinazione. Forse il suo ritorno a Palermo non era solo una ricerca personale, ma anche un'opportunità per contribuire al futuro della città.

Decisero di fare una passeggiata insieme, attraversando i vicoli stretti e le piazze animate. Il quartiere della Kalsa, con le sue case colorate e i cortili nascosti, li accolse con un'atmosfera di autenticità e di calore. Ogni angolo raccontava una storia, ogni pietra sembrava custodire un segreto.

Arrivarono alla Cattedrale, maestosa e imponente, illuminata dalle luci della sera. Lorenzo si fermò a guardarla, sentendo un legame profondo con quel simbolo di fede e di speranza. Salvatore lo osservava in silenzio, comprendendo i suoi sentimenti.

"Abbiamo tanto da fare, amico mio," disse Salvatore con un tono serio. "Ma insieme possiamo fare la differenza."

Lorenzo sentì una nuova energia dentro di sé. La sua vita, fino a quel momento, era stata una ricerca continua, un vagare senza meta. Adesso capiva che il suo posto era lì, a Palermo, dove poteva fare la differenza e trovare la pace interiore che tanto desiderava.

Passarono le settimane, e Lorenzo si immerse nella vita della città. Insieme a Salvatore, iniziò a lavorare su progetti per valorizzare il patrimonio culturale e aiutare le comunità locali. Ogni giorno era una nuova sfida, ma anche una scoperta di quanto fosse resiliente e vibrante lo spirito di Palermo.

Le sere passate a discutere con gli amici in piazza, le mattine trascorse a lavorare con i giovani del quartiere, le visite ai mercati colorati e vivaci: tutto contribuiva a creare un senso di appartenenza e di scopo. Lorenzo sentiva che finalmente aveva trovato il suo posto nel mondo.

Un giorno, mentre camminava lungo la spiaggia di Mondello, osservando le onde che si infrangevano sulla riva, si rese conto di quanto fosse cambiato. Palermo lo aveva trasformato, donandogli una nuova prospettiva e un nuovo senso di serenità. Il mare, il cielo e la terra di Sicilia erano diventati parte di lui, radicandolo in un modo che non aveva mai sperimentato prima.

Con il cuore leggero e la mente libera, Lorenzo capì che il suo viaggio non era finito, ma aveva trovato la sua direzione. Palermo, con le sue ombre e le sue luci, le sue sfide e le sue bellezze, era diventata il suo porto sicuro, il luogo dove poteva finalmente essere se stesso.

Shadows of Palermo

The air in Palermo was warm and thick that summer evening, filled with the scents of Sicilian cuisine and the sea. Lorenzo walked along Via Maqueda, the bustling heart of the city, where life seemed to never stop. Street vendors shouted their offers, couples strolled hand in hand, and children ran laughing among the colorful stalls.

Lorenzo was a middle-aged man with graying hair and dark eyes that seemed to have seen more than they wanted to tell. He was returning to Palermo after years spent traveling the world, searching for something he couldn't even define. The city, with its millennia-old history and contradictions, drew him in like an irresistible call.

He stopped in front of a small trattoria with tables set up on the sidewalk. The smell of pasta with sardines and fresh arancini made him smile. He decided to sit down and order a glass of red wine, hoping to find comfort for his restless soul in the flavors of his native land.

"What can I bring you, sir?" asked a young waitress with a gentle smile.

"A glass of Nero d'Avola, please," Lorenzo replied, watching the constant flow of people passing by.

As he sipped the wine, his thoughts wandered. Palermo had changed, yet it remained the same. The ancient buildings, baroque churches, and noisy markets were still there, silent witnesses to the passing of time. However, there was a new energy, a desire for redemption and rebirth that permeated the air.

Lorenzo remembered his childhood spent among the dusty streets and narrow alleys of the city. He had left Palermo as a young man, driven by curiosity and ambition, but now he realized how much he missed the place. Returning meant facing the ghosts of the past, but also reconnecting with the roots that had shaped him.

A familiar figure approached the table. It was Salvatore, an old childhood friend he hadn't seen in years. Time had left its marks on him too, but his eyes still shone with vitality.

"Lorenzo! I can't believe it," exclaimed Salvatore, hugging him warmly. "What brings you to Palermo after all this time?"

"The desire to find myself, I suppose," Lorenzo replied with a melancholic smile.

Salvatore sat down next to him, ordering a glass of wine. They talked at length, sharing their lives, hopes, and disappointments. Lorenzo learned that Salvatore had stayed in Palermo, fighting every day to improve the community's life, involved in social and cultural projects.

"This city needs us," Salvatore said passionately. "We have a rich history and extraordinary culture, but we must fight to preserve and enhance it."

Lorenzo nodded, feeling a new determination growing within him. Perhaps his return to Palermo was not just a personal quest, but also an opportunity to contribute to the city's future.

They decided to take a walk together, wandering through the narrow alleys and lively squares. The Kalsa district, with its colorful houses and hidden courtyards, welcomed them with an atmosphere of authenticity and warmth. Every corner told a story, every stone seemed to hold a secret.

They arrived at the Cathedral, majestic and imposing, illuminated by the evening lights. Lorenzo stopped to look at it, feeling a deep connection with that symbol of faith and hope. Salvatore watched him in silence, understanding his feelings.

"We have a lot to do, my friend," said Salvatore with a serious tone. "But together we can make a difference."

Lorenzo felt a new energy inside him. His life, up to that point, had been a continuous search, wandering without a destination. Now he understood that his place was there, in Palermo, where he could make a difference and find the inner peace he so desperately desired.

Weeks passed, and Lorenzo immersed himself in the life of the city. Together with Salvatore, he began working on projects to promote cultural heritage and help local communities. Every day was a new challenge, but also a discovery of how resilient and vibrant Palermo's spirit was.

Evenings spent discussing with friends in the square, mornings working with the neighborhood's youth, visits to the colorful and lively markets: everything contributed to creating a sense of belonging and purpose. Lorenzo felt that he had finally found his place in the world.

One day, while walking along the beach in Mondello, watching the waves break on the shore, he realized how much he had changed. Palermo had transformed him, giving him a new perspective and a new sense of serenity. The sea, the sky, and the land of Sicily had become part of him, grounding him in a way he had never experienced before.

With a light heart and a free mind, Lorenzo understood that his journey was not over, but he had found his direction. Palermo, with its shadows and lights, its challenges and beauties, had become his safe harbor, the place where he could finally be himself.

La Felicità Sussurrata

Antonio sedeva al tavolino di un piccolo caffè a Torino, guardando la pioggia che cadeva incessantemente fuori dalla finestra. Le gocce d'acqua creavano piccoli cerchi sulla superficie delle pozzanghere, e il cielo grigio rifletteva il suo stato d'animo. Era un uomo di mezza età, con i capelli ormai grigi e un volto segnato dalle esperienze della vita. Aveva trascorso anni alla ricerca della felicità, ma quella ricerca gli sembrava sempre sfuggente, un miraggio nel deserto.

Aveva lavorato sodo, costruito una carriera di successo come avvocato, ma il successo non gli aveva portato la soddisfazione che sperava. Le lunghe ore in ufficio, le cause legali stressanti e le continue pressioni lo avevano lasciato svuotato e insoddisfatto. Aveva una bella casa, una macchina costosa e viaggiava spesso per lavoro, ma dentro di sé sentiva un vuoto che niente sembrava poter colmare.

Un giorno, mentre camminava per le strade affollate del centro, vide una libreria antiquaria. Qualcosa lo spinse ad entrare, forse la voglia di trovare una distrazione dalla monotonia della sua vita. Tra gli scaffali polverosi trovò un vecchio libro di poesie di un autore sconosciuto. Lo prese in mano, sfogliando le pagine ingiallite, e fu colpito da un verso: "La felicità è un sussurro, non un grido."

Quelle parole risuonarono dentro di lui con una forza inaspettata. La felicità non era qualcosa di grandioso o appariscente, ma un sentimento sottile e delicato, un sussurro nel frastuono della vita quotidiana. Antonio decise di comprare il libro e iniziò a leggerlo ogni sera, trovando conforto e ispirazione nei versi poetici.

Una sera, mentre era immerso nella lettura, sentì una melodia provenire dalla strada. Si affacciò alla finestra e vide un giovane musicista che suonava il violino sotto la pioggia. La sua musica era dolce e malinconica, e Antonio fu colpito dalla passione con cui il ragazzo suonava. Decise di scendere in strada e, senza pensarci troppo, gli offrì di suonare nel suo appartamento al riparo dalla pioggia.

Il musicista, sorpreso ma grato, accettò l'invito. Salirono insieme le scale e, una volta dentro, il ragazzo riprese a suonare. La musica riempì la stanza, portando con sé un senso di pace e di serenità che Antonio non provava da tempo. Dopo il concerto improvvisato, si presentarono. Il ragazzo si chiamava Luca e studiava al conservatorio, suonando per strada per arrotondare.

Antonio si offrì di ospitarlo ogni volta che volesse suonare senza essere disturbato dal tempo, e così iniziò una strana amicizia. Ogni sera, dopo una lunga giornata di lavoro, Antonio tornava a casa sapendo che avrebbe trovato Luca ad aspettarlo con il suo violino. La musica diventò una costante nella sua vita, un antidoto contro lo stress e l'insoddisfazione.

Con il passare del tempo, Antonio cominciò a notare piccoli cambiamenti in se stesso. Le cose che prima gli sembravano importanti, come il prestigio e il denaro, persero di significato. Invece, iniziò a trovare gioia nelle piccole cose: il calore di una tazza di caffè al mattino, il sorriso di un passante, il suono della pioggia sul tetto. Era come se la musica di Luca avesse aperto una porta dentro di lui, permettendogli di vedere la vita con occhi nuovi.

Una sera, mentre ascoltavano la musica insieme, Antonio chiese a Luca cosa significasse per lui la felicità. Il ragazzo sorrise, pensando per un momento prima di rispondere.

"La felicità è come una melodia," disse Luca. "A volte è dolce, a volte malinconica, ma è sempre lì, nascosta tra le note. Bisogna solo saperla ascoltare."

Quelle parole rimasero impresse nella mente di Antonio. Capì che la felicità non era qualcosa da cercare affannosamente, ma un sentimento da scoprire nei momenti di quiete e semplicità. Cominciò a dedicare più tempo a se stesso, a fare lunghe passeggiate nei parchi, a leggere libri che lo appassionavano, a cucinare piatti semplici ma gustosi.

Un giorno, mentre passeggiava lungo il Po, vide un vecchio amico d'infanzia, Marco, seduto su una panchina. Non si vedevano da anni, e l'incontro fu una piacevole sorpresa. Parlarono a lungo, ricordando i tempi passati e raccontandosi le loro vite. Marco era diventato un pittore, vivendo una vita modesta ma felice, trovando gioia nell'arte e nella natura.

Marco invitò Antonio nel suo studio, un piccolo spazio luminoso pieno di tele e colori. Guardando i dipinti, Antonio sentì una profonda ammirazione per la bellezza e la semplicità delle opere del suo amico. Le pennellate raccontavano storie di paesaggi tranquilli e di momenti di serenità, catturando l'essenza della felicità.

Antonio si rese conto che la felicità poteva essere trovata anche nella creatività e nell'espressione artistica. Decise di prendere lezioni di pittura da Marco, scoprendo un nuovo modo di esprimere i suoi sentimenti e le sue emozioni. Ogni pennellata era un passo verso la libertà, ogni colore un riflesso del suo stato d'animo.

Con il tempo, Antonio imparò a vivere nel presente, apprezzando ogni istante come un dono prezioso. Non cercava più la felicità in obiettivi lontani o in beni materiali, ma nelle esperienze quotidiane e nelle relazioni sincere. La musica di Luca e la pittura di Marco diventarono parte integrante della sua vita, fonti inesauribili di ispirazione e di gioia.

Un giorno, mentre dipingeva nel suo studio con Luca che suonava in sottofondo, Antonio si fermò a riflettere. Si rese conto che la felicità che tanto aveva cercato era sempre stata lì, sussurrata tra le pieghe della quotidianità. Doveva solo imparare ad ascoltare, a vedere, a sentire.

Con un sorriso sereno, Antonio capì che la felicità non era un traguardo da raggiungere, ma un viaggio da vivere. E, in quel momento, sentì una gratitudine profonda per tutto ciò che la vita gli aveva offerto, per le persone che aveva incontrato e per le esperienze che lo avevano trasformato.

La pioggia aveva smesso di cadere, e un raggio di sole illuminava la stanza. Antonio guardò fuori dalla finestra, sentendosi in pace con se stesso e con il mondo. Aveva trovato la felicità sussurrata,

nascosta tra le note di una melodia e le pennellate di un quadro,
e sapeva che avrebbe continuato a cercarla in ogni giorno che gli
restava da vivere.

The Whispered Happiness

Antonio sat at a small café in Turin, watching the rain fall relentlessly outside the window. The raindrops created tiny circles on the surface of the puddles, and the gray sky mirrored his mood. He was a middle-aged man, with graying hair and a face marked by life's experiences. He had spent years searching for happiness, but that search always seemed elusive, like a mirage in the desert.

He had worked hard, built a successful career as a lawyer, but success had not brought the satisfaction he hoped for. The long hours in the office, stressful legal cases, and constant pressures had left him empty and unfulfilled. He had a beautiful house, an expensive car, and traveled frequently for work, but inside, he felt a void that nothing seemed to fill.

One day, while walking through the crowded streets of the city center, he saw an antique bookstore. Something drew him in, perhaps the desire to find a distraction from the monotony of his life. Among the dusty shelves, he found an old book of poems by an unknown author. He picked it up, leafing through the yellowed pages, and was struck by a verse: "Happiness is a whisper, not a shout."

Those words resonated within him with unexpected strength. Happiness was not something grand or flashy, but a subtle and delicate feeling, a whisper amidst the noise of everyday life.

Antonio decided to buy the book and began reading it every evening, finding comfort and inspiration in the poetic verses.

One evening, while immersed in reading, he heard a melody coming from the street. He looked out the window and saw a young musician playing the violin in the rain. His music was sweet and melancholic, and Antonio was struck by the passion with which the boy played. He decided to go down to the street and, without thinking too much, offered him to play in his apartment, sheltered from the rain.

The musician, surprised but grateful, accepted the invitation. They climbed the stairs together, and once inside, the boy resumed playing. The music filled the room, bringing a sense of peace and serenity that Antonio had not felt in a long time. After the impromptu concert, they introduced themselves. The boy's name was Luca, and he was studying at the conservatory, playing on the street to make ends meet.

Antonio offered to host him whenever he wanted to play without being disturbed by the weather, and so began a strange friendship. Every evening, after a long day at work, Antonio would come home knowing that Luca would be waiting with his violin. The music became a constant in his life, an antidote to stress and dissatisfaction.

As time passed, Antonio began to notice small changes in himself. The things that once seemed important, like prestige and money, lost their significance. Instead, he began to find joy in the little things: the warmth of a cup of coffee in the morning, the smile of a passerby, the sound of rain on the roof. It was as if

Luca's music had opened a door inside him, allowing him to see life with new eyes.

One evening, while they were listening to music together, Antonio asked Luca what happiness meant to him. The boy smiled, thinking for a moment before replying.

"Happiness is like a melody," Luca said. "Sometimes it's sweet, sometimes melancholic, but it's always there, hidden among the notes. You just have to know how to listen."

Those words stuck in Antonio's mind. He understood that happiness was not something to be frantically sought, but a feeling to be discovered in moments of quiet and simplicity. He began to dedicate more time to himself, taking long walks in the parks, reading books that fascinated him, and cooking simple yet tasty dishes.

One day, while walking along the Po River, he saw an old childhood friend, Marco, sitting on a bench. They hadn't seen each other in years, and the meeting was a pleasant surprise. They talked at length, reminiscing about old times and sharing their lives. Marco had become a painter, living a modest but happy life, finding joy in art and nature.

Marco invited Antonio to his studio, a small bright space full of canvases and colors. Looking at the paintings, Antonio felt a deep admiration for the beauty and simplicity of his friend's works. The brushstrokes told stories of peaceful landscapes and moments of serenity, capturing the essence of happiness.

Antonio realized that happiness could also be found in creativity and artistic expression. He decided to take painting lessons from Marco, discovering a new way to express his feelings and emotions. Every brushstroke was a step toward freedom, every color a reflection of his mood.

Over time, Antonio learned to live in the present, appreciating each moment as a precious gift. He no longer sought happiness in distant goals or material possessions, but in daily experiences and sincere relationships. Luca's music and Marco's painting became integral parts of his life, inexhaustible sources of inspiration and joy.

One day, while painting in his studio with Luca playing in the background, Antonio stopped to reflect. He realized that the happiness he had sought so long had always been there, whispered among the folds of everyday life. He just had to learn to listen, to see, to feel.

With a serene smile, Antonio understood that happiness was not a destination to be reached, but a journey to be lived. And at that moment, he felt a deep gratitude for everything life had offered him, for the people he had met, and for the experiences that had transformed him.

The rain had stopped falling, and a ray of sunlight illuminated the room. Antonio looked out the window, feeling at peace with himself and the world. He had found the whispered happiness, hidden among the notes of a melody and the brushstrokes of a painting, and knew he would continue to seek it in every day he had left to live.

Il Vento di Castellabate

Matteo sedeva sulla veranda della vecchia casa di famiglia a Castellabate, guardando il mare che si stendeva all'orizzonte. Era un uomo sulla cinquantina, con i capelli grigi e la pelle abbronzata dal sole del Sud Italia. Il vento di settembre soffiava leggero, portando con sé il profumo salmastro del mare e il ricordo delle estati passate.

Era tornato al paese dopo anni trascorsi a vivere e lavorare a Milano, tra grattacieli e riunioni frenetiche. Il richiamo della sua terra natia era stato troppo forte per ignorarlo, e così aveva deciso di prendersi una pausa, di ritrovare se stesso in quel luogo dove aveva trascorso la sua infanzia.

Il vento aveva sempre avuto un significato speciale per Matteo. Da bambino, correva sui campi aperti, sentendo il vento sul viso come un abbraccio di libertà. Adesso, quel vento sembrava sussurrargli storie dimenticate, parole di saggezza e conforto.

Decise di fare una passeggiata lungo il sentiero che portava alla spiaggia. I pini marittimi ondeggiavano lievemente, creando un suono rassicurante che accompagnava i suoi passi. Ogni pietra, ogni curva del sentiero gli ricordava momenti di un tempo passato, quando la vita era semplice e la felicità sembrava a portata di mano.

Arrivato sulla spiaggia, si sedette su una roccia, guardando le onde che si infrangevano sulla riva. Il vento gli scompigliava i capelli, ma Matteo non si preoccupava. Era un vento gentile, amico, che lo accarezzava come una mano affettuosa.

Mentre sedeva lì, perse la cognizione del tempo, immerso nei suoi pensieri. Ricordava le risate con gli amici, le serate sotto le stelle, i primi amori adolescenziali. Ogni ricordo era come una pagina di un libro che amava rileggere.

Fuori dalla nebbia dei ricordi, vide una figura che si avvicinava lungo la spiaggia. Era una donna, con un vestito leggero che il vento faceva ondeggiare. Quando fu abbastanza vicina, Matteo la riconobbe: era Elena, il suo primo amore. Non si vedevano da anni, da quando lei aveva deciso di partire per Roma per seguire i suoi sogni di diventare una scrittrice.

"Matteo!" esclamò lei con un sorriso radioso. "Che sorpresa trovarti qui!"

"Elena," rispose lui, alzandosi per abbracciarla. "È passato tanto tempo."

Si sedettero insieme sulla roccia, guardando il mare. Il vento continuava a soffiare, come se volesse assistere alla loro riunione. Parlarono a lungo, raccontandosi le loro vite, i sogni realizzati e quelli infranti, le speranze e le delusioni.

Elena aveva scritto diversi libri, ma non aveva mai dimenticato Castellabate. Ogni volta che aveva bisogno di ispirazione, tornava in quel luogo magico, lasciandosi guidare dal vento e dal mare. Matteo sentì una connessione profonda con lei, come se il tempo non fosse mai passato.

Decisero di fare una passeggiata lungo la spiaggia, come facevano da ragazzi. Camminarono fianco a fianco, il vento che li spingeva avanti, portando via le parole non dette e i rimpianti. Sembrava che tutto fosse possibile, che la vita potesse ricominciare.

Elena gli raccontò di un nuovo progetto, un libro che stava scrivendo ispirato ai loro ricordi d'infanzia. Matteo la ascoltava con attenzione, sentendo crescere dentro di sé un senso di pace e di appartenenza. Il vento sembrava sussurrare approvazione, incoraggiando entrambi a seguire i loro cuori.

Passarono i giorni, e Matteo ed Elena trascorsero sempre più tempo insieme. Ogni mattina, si incontravano sulla spiaggia, parlando e camminando, riscoprendo vecchi luoghi e creando nuovi ricordi. Il vento era sempre presente, come un compagno fidato, guidandoli e proteggendoli.

Una sera, mentre il sole tramontava e il cielo si tingeva di rosso e arancione, Matteo prese la mano di Elena. Sentì il vento che li circondava, come se volesse abbracciarli entrambi.

"Elena," disse con voce tremante. "Credi che il vento ci abbia portato insieme di nuovo per un motivo?"

Lei lo guardò negli occhi, sorridendo. "Sì, Matteo. Credo che il vento sappia sempre cosa fare."

Si baciarono, con il suono delle onde e il vento come sottofondo. Era un momento perfetto, una fusione di passato e presente, di speranze e sogni. Matteo sentì che finalmente aveva trovato il suo posto, che la ricerca della felicità lo aveva riportato a casa, a Castellabate, al vento che aveva sempre amato.

I mesi passarono, e la vita di Matteo cambiò radicalmente. Decise di lasciare il suo lavoro a Milano e di stabilirsi definitivamente a Castellabate. Insieme a Elena, aprì una piccola libreria sul lungomare, un luogo dove le persone potevano venire a cercare ispirazione e trovare un po' di pace.

Il vento continuava a soffiare, portando con sé nuovi incontri, nuove storie, nuove possibilità. Matteo ed Elena erano felici, vivendo una vita semplice ma piena di significato. Ogni giorno era una nuova avventura, una nuova scoperta, un nuovo sussurro del vento.

Matteo imparò a vivere nel presente, a trovare gioia nelle piccole cose, a lasciarsi guidare dal vento. Non cercava più la felicità in obiettivi lontani o in beni materiali, ma nelle esperienze quotidiane e nelle relazioni sincere.

Un giorno, mentre camminava lungo la spiaggia con Elena, sentì il vento che gli accarezzava il viso. Si fermò un momento, chiudendo gli occhi e ascoltando il suono delle onde e il sussurro del vento. Era un suono familiare, un promemoria costante della bellezza e della semplicità della vita.

"Grazie," sussurrò al vento, sentendo una profonda gratitudine per tutto ciò che aveva ricevuto. Il vento rispose con una carezza gentile, come un vecchio amico che diceva: "Di nulla, Matteo. Continua a seguire il tuo cuore."

Con un sorriso sereno, Matteo aprì gli occhi e guardò Elena. Lei gli sorrise, e insieme ripresero a camminare, lasciandosi guidare dal vento che soffiava leggero e costante, portandoli verso nuove avventure e nuove felicità.

The Wind of Castellabate

M atteo sat on the veranda of the old family house in Castellabate, looking at the sea stretching out to the horizon. He was a man in his fifties, with gray hair and skin tanned by the southern Italian sun. The September wind blew lightly, bringing with it the salty smell of the sea and memories of past summers.

He had returned to his hometown after years of living and working in Milan, amidst skyscrapers and frantic meetings. The call of his native land had been too strong to ignore, and so he decided to take a break, to find himself again in the place where he had spent his childhood.

The wind had always had a special meaning for Matteo. As a child, he would run across open fields, feeling the wind on his face like an embrace of freedom. Now, that wind seemed to whisper forgotten stories, words of wisdom and comfort.

He decided to take a walk along the path that led to the beach. The maritime pines swayed slightly, creating a reassuring sound that accompanied his steps. Every stone, every bend in the path reminded him of moments from a time gone by, when life was simple and happiness seemed within reach.

When he arrived at the beach, he sat on a rock, watching the waves crash on the shore. The wind ruffled his hair, but Matteo didn't mind. It was a gentle wind, a friend, that caressed him like an affectionate hand.

As he sat there, he lost track of time, immersed in his thoughts. He remembered laughing with friends, evenings under the stars, first teenage loves. Each memory was like a page of a book he loved to reread.

Out of the fog of memories, he saw a figure approaching along the beach. It was a woman, wearing a light dress that the wind made wave. When she was close enough, Matteo recognized her: it was Elena, his first love. They hadn't seen each other in years, since she had decided to leave for Rome to follow her dreams of becoming a writer.

"Matteo!" she exclaimed with a radiant smile. "What a surprise to find you here!"

"Elena," he replied, standing up to embrace her. "It's been so long."

They sat together on the rock, looking at the sea. The wind continued to blow, as if it wanted to witness their reunion. They talked for a long time, sharing their lives, their realized dreams and broken ones, their hopes and disappointments.

Elena had written several books but had never forgotten Castellabate. Every time she needed inspiration, she returned to that magical place, letting herself be guided by the wind and the sea. Matteo felt a deep connection with her, as if time had never passed.

They decided to take a walk along the beach, just as they used to do when they were young. They walked side by side, the wind pushing them forward, carrying away unspoken words and regrets. It seemed that anything was possible, that life could start anew.

Elena told him about a new project, a book she was writing inspired by their childhood memories. Matteo listened attentively, feeling a sense of peace and belonging growing inside him. The wind seemed to whisper approval, encouraging both of them to follow their hearts.

Days passed, and Matteo and Elena spent more and more time together. Every morning, they met on the beach, talking and walking, rediscovering old places and creating new memories. The wind was always present, like a faithful companion, guiding and protecting them.

One evening, as the sun set and the sky turned red and orange, Matteo took Elena's hand. He felt the wind surrounding them, as if it wanted to embrace them both.

"Elena," he said with a trembling voice. "Do you think the wind brought us together again for a reason?"

She looked into his eyes, smiling. "Yes, Matteo. I believe the wind always knows what to do."

They kissed, with the sound of the waves and the wind as their background. It was a perfect moment, a fusion of past and present, of hopes and dreams. Matteo felt that he had finally found his place, that the search for happiness had brought him back home, to Castellabate, to the wind he had always loved.

Months went by, and Matteo's life changed radically. He decided to leave his job in Milan and settle permanently in Castellabate. Together with Elena, he opened a small bookstore on the seafront, a place where people could come to seek inspiration and find some peace.

The wind continued to blow, bringing with it new encounters, new stories, new possibilities. Matteo and Elena were happy, living a simple but meaningful life. Every day was a new adventure, a new discovery, a new whisper of the wind.

Matteo learned to live in the present, to find joy in the little things, to let himself be guided by the wind. He no longer sought happiness in distant goals or material possessions, but in daily experiences and sincere relationships.

One day, while walking along the beach with Elena, he felt the wind caressing his face. He stopped for a moment, closing his eyes and listening to the sound of the waves and the whisper of the wind. It was a familiar sound, a constant reminder of the beauty and simplicity of life.

"Thank you," he whispered to the wind, feeling a deep gratitude for everything he had received. The wind responded with a gentle caress, like an old friend saying, "You're welcome, Matteo. Keep following your heart."

With a serene smile, Matteo opened his eyes and looked at Elena. She smiled back at him, and together they resumed walking, letting the wind blow lightly and steadily, guiding them toward new adventures and new happiness.

Il Cane di Montemare

Montemare era un piccolo villaggio di pescatori sulla costa della Sicilia, un luogo dove il tempo sembrava essersi fermato. Le case bianche con i tetti di tegole rosse si affacciavano sul mare azzurro, e le barche di legno ondeggiavano dolcemente nel porto. Era un villaggio dove tutti si conoscevano e dove le storie si tramandavano di generazione in generazione.

In una di queste case viveva Carlo, un uomo solitario sulla sessantina, con capelli grigi e una barba ispida. Carlo era stato un pescatore per tutta la vita, ma ora che l'età avanzava, passava i suoi giorni a riparare reti e a raccontare storie del mare ai giovani del villaggio. Nonostante la sua vita fosse semplice, c'era un vuoto nel suo cuore, un vuoto che nessuno sembrava poter colmare.

Un giorno, mentre passeggiava lungo la spiaggia, Carlo trovò un piccolo cane abbandonato. Era magro e sporco, con il pelo arruffato e gli occhi tristi. Carlo si chinò e gli offrì un pezzo di pane che aveva in tasca. Il cane lo mangiò con avidità, e Carlo sentì una fitta di compassione.

"Vieni, piccolo," disse Carlo, accarezzando dolcemente il cane. "Da oggi in poi starai con me."

Carlo portò il cane a casa e lo chiamò Nemo, in onore del grande capitano della letteratura. Col passare dei giorni, Nemo si riprese e divenne il fedele compagno di Carlo. I due erano inseparabili; dove c'era Carlo, c'era Nemo. Passeggiavano insieme sulla spiaggia, sedevano insieme sul molo a guardare il tramonto, e la sera Nemo si accoccolava ai piedi di Carlo mentre lui leggeva un libro.

La presenza di Nemo riempì il vuoto nel cuore di Carlo. Il cane, con la sua semplice esistenza, gli aveva portato una gioia che non aveva mai conosciuto. Carlo iniziò a sentire un legame profondo con Nemo, un legame fatto di silenzi condivisi e momenti di quieta complicità.

Un giorno, mentre Carlo e Nemo passeggiavano lungo una scogliera, videro una barca in difficoltà. Il mare era agitato, e le onde si infrangevano con violenza contro le rocce. Senza pensarci due volte, Carlo corse verso il villaggio per chiedere aiuto, mentre Nemo rimase sulla scogliera, abbaiando furiosamente verso la barca.

Gli uomini del villaggio si mobilitarono rapidamente, e con l'aiuto di Carlo riuscirono a salvare i pescatori in difficoltà. Tornati a terra, Carlo si accorse che Nemo non era più sulla scogliera. In preda al panico, iniziò a chiamarlo a gran voce, ma del cane non c'era traccia.

La ricerca di Nemo durò tutta la notte. Gli uomini del villaggio, armati di torce, perquisirono ogni angolo della costa, ma senza successo. Carlo si sentiva disperato; la sola idea di perdere il suo fedele compagno lo faceva soffrire immensamente.

All'alba, esausto e con il cuore pesante, Carlo si sedette sulla spiaggia, guardando il mare. Le lacrime scendevano silenziose sulle sue guance. Proprio quando stava per perdere ogni speranza, sentì un debole abbaio. Si voltò e vide Nemo emergere dall'acqua, stremato ma vivo.

Carlo corse verso di lui, e il cane gli saltò tra le braccia. Era un miracolo. Nemo aveva resistito alle onde e aveva trovato la strada di casa. Carlo abbracciò il cane con tutta la forza che aveva, sentendo una gratitudine immensa.

Da quel giorno, il legame tra Carlo e Nemo diventò ancora più forte. Il villaggio di Montemare parlava dell'eroico cane che aveva salvato i pescatori, e Nemo divenne una sorta di leggenda locale. Ma per Carlo, Nemo era semplicemente il suo fedele compagno, il cane che gli aveva insegnato il vero significato dell'amore e della lealtà.

Gli anni passarono, e Carlo invecchiò ulteriormente. Nemo restava sempre al suo fianco, i due inseparabili fino alla fine. Quando Carlo si ammalò gravemente, fu Nemo a dargli conforto, a vegliare su di lui giorno e notte.

Una sera d'inverno, mentre il vento soffiava forte e la pioggia batteva contro le finestre, Carlo sentì che la sua ora era giunta. Con un ultimo sforzo, chiamò Nemo accanto a sé e gli accarezzò la testa.

"Grazie, amico mio," sussurrò Carlo. "Grazie per tutto."

Nemo lo guardò con i suoi occhi fedeli, e Carlo sentì una pace profonda. Chiuse gli occhi per l'ultima volta, con il cane accanto a sé, e se ne andò serenamente, sapendo di non essere solo.

Il giorno seguente, il villaggio di Montemare si riunì per dare l'ultimo saluto a Carlo. Nemo stava accanto alla bara, silenzioso e dignitoso, come se comprendesse la gravità del momento. Dopo il funerale, il cane si trasferì a vivere con un giovane pescatore che era stato uno dei salvati quella fatidica notte. Nemo trovò un nuovo amico e un nuovo scopo, continuando a portare gioia e conforto, proprio come aveva fatto con Carlo.

Il vento di Montemare continuò a soffiare, portando con sé le storie del passato e i ricordi di un uomo e del suo cane. La leggenda di Nemo e Carlo viveva nei racconti del villaggio, un esempio di amore e lealtà che nessuno avrebbe mai dimenticato.

The Dog of Montemare

Montemare was a small fishing village on the coast of Sicily, a place where time seemed to have stood still. The white houses with red-tiled roofs faced the blue sea, and the wooden boats gently swayed in the harbor. It was a village where everyone knew each other and where stories were passed down from generation to generation.

In one of these houses lived Carlo, a solitary man in his sixties, with gray hair and a scruffy beard. Carlo had been a fisherman all his life, but now that he was getting older, he spent his days repairing nets and telling sea stories to the village's youth. Although his life was simple, there was an emptiness in his heart, a void that no one seemed to be able to fill.

One day, while walking along the beach, Carlo found a small abandoned dog. It was skinny and dirty, with matted fur and sad eyes. Carlo crouched down and offered it a piece of bread he had in his pocket. The dog ate it hungrily, and Carlo felt a pang of compassion.

"Come on, little one," Carlo said, gently petting the dog. "From now on, you'll stay with me."

Carlo took the dog home and named him Nemo, in honor of the great captain from literature. As the days went by, Nemo recovered and became Carlo's faithful companion. The two were inseparable; wherever Carlo went, Nemo followed. They walked together on the beach, sat on the pier watching the sunset, and in the evenings, Nemo would curl up at Carlo's feet while he read a book.

Nemo's presence filled the void in Carlo's heart. The dog, with its simple existence, brought him a joy he had never known. Carlo began to feel a deep bond with Nemo, a bond made of shared silences and moments of quiet complicity.

One day, while Carlo and Nemo were walking along a cliff, they saw a boat in trouble. The sea was rough, and the waves were crashing violently against the rocks. Without thinking twice, Carlo ran to the village for help, while Nemo stayed on the cliff, barking furiously at the boat.

The men of the village quickly mobilized, and with Carlo's help, they managed to save the fishermen in trouble. Once back on land, Carlo realized that Nemo was no longer on the cliff. Panicked, he started calling out for him, but there was no sign of the dog.

The search for Nemo lasted all night. The villagers, armed with torches, scoured every corner of the coast, but to no avail. Carlo felt desperate; the mere thought of losing his faithful companion caused him immense pain.

At dawn, exhausted and heavy-hearted, Carlo sat on the beach, staring at the sea. Silent tears rolled down his cheeks. Just as he was about to lose all hope, he heard a faint bark. He turned and saw Nemo emerging from the water, exhausted but alive.

Carlo ran to him, and the dog leapt into his arms. It was a miracle. Nemo had braved the waves and found his way back home. Carlo hugged the dog with all his strength, feeling immense gratitude.

From that day on, the bond between Carlo and Nemo grew even stronger. The village of Montemare spoke of the heroic dog that had saved the fishermen, and Nemo became a local legend. But to Carlo, Nemo was simply his faithful companion, the dog that had taught him the true meaning of love and loyalty.

The years passed, and Carlo grew even older. Nemo remained by his side, the two inseparable until the end. When Carlo fell gravely ill, it was Nemo who provided comfort, watching over him day and night.

One winter evening, as the wind blew fiercely and the rain pounded against the windows, Carlo felt his time had come. With one last effort, he called Nemo to his side and petted his head.

"Thank you, my friend," Carlo whispered. "Thank you for everything."

Nemo looked at him with his faithful eyes, and Carlo felt a profound peace. He closed his eyes for the last time, with the dog by his side, and passed away peacefully, knowing he was not alone.

The next day, the village of Montemare gathered to bid their final farewell to Carlo. Nemo stood by the coffin, silent and dignified, as if he understood the gravity of the moment. After the funeral, the dog moved in with a young fisherman who had been one of those saved that fateful night. Nemo found a new friend and a new purpose, continuing to bring joy and comfort, just as he had done with Carlo.

The wind of Montemare continued to blow, carrying with it the stories of the past and the memories of a man and his dog. The legend of Nemo and Carlo lived on in the village's tales, an example of love and loyalty that no one would ever forget.

Ricordi di una Vita

Era un caldo pomeriggio d'estate quando Giulia tornò a San Gimignano, il piccolo borgo toscano dove era cresciuta. Le torri medievali si stagliavano contro il cielo azzurro, immutate dal tempo, e le strade di ciottoli risuonavano dei passi dei turisti. Ma Giulia non era una turista. Lei tornava a casa.

La vecchia casa di famiglia era stata chiusa per anni. Dopo la morte dei suoi genitori, Giulia aveva lasciato San Gimignano per trasferirsi a Roma, cercando di costruirsi una nuova vita lontano dai ricordi dolorosi. Ma ora, con l'età avanzata e il desiderio di riconciliarsi con il passato, sentiva che era giunto il momento di tornare.

Aprì la porta con una chiave arrugginita, e l'odore di polvere e legno vecchio la accolse. Ogni stanza era un frammento di memoria, ogni oggetto un legame con un passato che non poteva più ignorare. Si aggirava lentamente per la casa, lasciando che i ricordi riaffiorassero.

La cucina, con le pentole di rame appese alle pareti, le ricordava le serate passate a cucinare con sua madre. Il salotto, con il grande camino in pietra, era il luogo dove suo padre raccontava storie di tempi antichi, storie di famiglie, di guerre e di amori perduti.

Si fermò davanti a una vecchia fotografia incorniciata, appoggiata su una mensola. Era una foto di famiglia, scattata molti anni prima. Lei, bambina, sorrideva felice tra i suoi genitori. Quelle erano le estati della sua infanzia, piene di luce e risate.

Giulia prese la foto e si sedette su una sedia, chiudendo gli occhi. Lasciò che i ricordi la travolgessero, riportandola a quei giorni felici. Sentì la voce di sua madre, dolce e rassicurante, e il riso profondo di suo padre. Rivide i campi di girasoli che circondavano la casa, il profumo dell'erba appena tagliata, e le serate sotto le stelle, con il cielo che sembrava infinito.

Ma non erano solo i ricordi felici a riaffiorare. C'erano anche quelli dolorosi, quelli che l'avevano spinta a lasciare San Gimignano. La malattia di suo padre, la lenta agonia che lo aveva consumato, e il dolore di sua madre, rimasta vedova troppo presto. Giulia aveva cercato di fuggire da quel dolore, ma ora capiva che non poteva scappare dai ricordi.

Si alzò e salì le scale, dirigendosi verso la sua vecchia stanza. Aprì la porta e vide che tutto era rimasto come lo aveva lasciato. Il letto con la coperta a quadri, i libri impilati sulla scrivania, e il piccolo balcone che dava sui campi. Si avvicinò al balcone e guardò fuori, respirando profondamente l'aria fresca della campagna.

Sentì una pace profonda, una connessione con il passato che non aveva mai provato prima. Capì che quei ricordi, sia felici che dolorosi, facevano parte di lei. Erano le fondamenta della sua vita, le radici che l'avevano formata.

Passarono i giorni, e Giulia iniziò a sistemare la casa. Spolverava i mobili, puliva i pavimenti, e ogni gesto era un atto di riconciliazione con il passato. Ogni angolo della casa svelava un nuovo ricordo, una nuova storia. Trovò vecchie lettere, fotografie ingiallite, e oggetti che pensava fossero andati perduti per sempre.

Un pomeriggio, mentre stava sistemando una scatola nel sottotetto, trovò un vecchio diario. Era il diario di suo padre, scritto durante gli ultimi anni della sua vita. Con le mani tremanti, Giulia lo aprì e iniziò a leggere. Le parole di suo padre la commossero profondamente. Parlava del suo amore per la famiglia, dei suoi sogni e delle sue paure. Ma c'era anche una lettera, indirizzata a lei.

"Carissima Giulia," iniziava la lettera, "se stai leggendo queste parole, significa che sei tornata a casa. Voglio che tu sappia quanto ti ho amato e quanto sono fiero di te. So che hai sofferto molto, ma spero che tu possa trovare la pace e la felicità che meriti. Ricorda sempre che questa casa è il nostro rifugio, il luogo dove i nostri cuori possono sempre tornare."

Le lacrime scesero copiose sul viso di Giulia mentre leggeva quelle parole. Sentì il calore dell'amore di suo padre avvolgerla, e per la prima volta dopo tanti anni, si sentì veramente a casa.

Passarono le settimane, e Giulia decise di restare a San Gimignano. Trasformò la vecchia casa in un luogo di incontro per il villaggio, dove le persone potevano riunirsi, condividere storie e celebrare la vita. La casa si riempì di risate, di musica e di amore, e i ricordi di Giulia divennero parte della storia collettiva del villaggio.

San Gimignano era cambiata, ma il suo spirito rimaneva immutato. Le torri medievali continuavano a vegliare sul borgo, e le strade di ciottoli raccontavano le storie di generazioni. Giulia trovò la sua pace, vivendo tra i ricordi del passato e le speranze del futuro.

E ogni sera, mentre il sole tramontava dietro le colline, Giulia si sedeva sul balcone della sua vecchia stanza, guardando i campi di girasoli e ascoltando il sussurro del vento. Sapeva che il passato era sempre con lei, ma ora era pronta a vivere il presente, accogliendo ogni nuovo giorno con gratitudine e amore.

Memories of a Lifetime

It was a hot summer afternoon when Giulia returned to San Gimignano, the small Tuscan village where she had grown up. The medieval towers stood tall against the blue sky, unchanged by time, and the cobblestone streets echoed with the footsteps of tourists. But Giulia was not a tourist. She was coming home.

The old family house had been closed for years. After her parents' death, Giulia had left San Gimignano to move to Rome, trying to build a new life away from the painful memories. But now, with old age and the desire to reconcile with the past, she felt it was time to return.

She opened the door with a rusty key, and the smell of dust and old wood greeted her. Every room was a fragment of memory, every object a link to a past she could no longer ignore. She wandered slowly through the house, letting the memories resurface.

The kitchen, with its copper pots hanging on the walls, reminded her of evenings spent cooking with her mother. The living room, with its large stone fireplace, was where her father told stories of ancient times, stories of families, wars, and lost loves.

She stopped in front of an old framed photograph on a shelf. It was a family photo taken many years before. She, as a child, smiled happily between her parents. Those were the summers of her childhood, full of light and laughter.

Giulia took the photo and sat down on a chair, closing her eyes. She let the memories overwhelm her, taking her back to those happy days. She heard her mother's sweet, reassuring voice and her father's deep laughter. She saw the sunflower fields surrounding the house, smelled the freshly cut grass, and remembered the evenings under the stars, with the sky seeming infinite.

But it wasn't just happy memories that resurfaced. There were also painful ones, the ones that had driven her away from San Gimignano. Her father's illness, the slow agony that consumed him, and her mother's sorrow, left a widow too soon. Giulia had tried to escape that pain, but now she understood she couldn't run from the memories.

She got up and climbed the stairs, heading to her old room. She opened the door and saw that everything was as she had left it. The bed with the checkered blanket, the books piled on the desk, and the small balcony overlooking the fields. She approached the balcony and looked out, breathing deeply the fresh country air.

She felt a deep peace, a connection to the past she had never felt before. She realized that those memories, both happy and painful, were part of her. They were the foundation of her life, the roots that had shaped her.

Days passed, and Giulia began to tidy up the house. She dusted the furniture, cleaned the floors, and each gesture was an act of reconciliation with the past. Every corner of the house revealed a new memory, a new story. She found old letters, yellowed photographs, and objects she thought had been lost forever.

One afternoon, while organizing a box in the attic, she found an old diary. It was her father's diary, written during the last years of his life. With trembling hands, Giulia opened it and began to read. Her father's words moved her deeply. He spoke of his love for the family, his dreams, and his fears. But there was also a letter, addressed to her.

"My dearest Giulia," the letter began, "if you are reading these words, it means you have come home. I want you to know how much I loved you and how proud I am of you. I know you have suffered a lot, but I hope you can find the peace and happiness you deserve. Always remember that this house is our refuge, the place where our hearts can always return."

Tears streamed down Giulia's face as she read those words. She felt the warmth of her father's love envelop her, and for the first time in many years, she truly felt at home.

Weeks passed, and Giulia decided to stay in San Gimignano. She turned the old house into a gathering place for the village, where people could come together, share stories, and celebrate life. The house filled with laughter, music, and love, and Giulia's memories became part of the collective history of the village.

San Gimignano had changed, but its spirit remained unchanged. The medieval towers continued to watch over the village, and the cobblestone streets told the stories of generations. Giulia found her peace, living among the memories of the past and the hopes of the future.

And every evening, as the sun set behind the hills, Giulia would sit on the balcony of her old room, looking at the sunflower fields and listening to the whisper of the wind. She knew the past was always with her, but now she was ready to live in the present, welcoming each new day with gratitude and love.